U0851595

客运规章学习指导丛书

《中国国家铁路集团有限公司铁路旅客运输规程（2024年版）》知识问答

裴瑞江◎主　编
周　平◎副主编

中国铁道出版社有限公司

2024年·北　京

内 容 简 介

本书为“客运规章学习指导丛书”之一。全书采用一问一答的形式，将《中国国家铁路集团有限公司铁路旅客运输规程（2024 年版）》涉及的知识点表现出来，方便读者理解、记忆。全书分为总则、旅客运输、行李运输、特殊情况的处理、附则以及附件六部分内容。

本书适用于铁路客运一线职工和管理人员培训，也可供铁路客运研究人员及相关院校师生学习参考。

图书在版编目（CIP）数据

《中国国家铁路集团有限公司铁路旅客运输规程（2024 年版）》知识问答 / 裴瑞江主编. -- 北京 : 中国铁道出版社有限公司, 2024. 11. -- (客运规章学习指导丛书)

--ISBN 978-7-113-31666-2

Ⅰ. U293-65

中国国家版本馆 CIP 数据核字第 2024RU1282 号

书　　名：《中国国家铁路集团有限公司铁路旅客运输规程（2024 年版）》知识问答
作　　者：裴瑞江

策　　划：薛丽娜
责任编辑：鹿金炜　　　　**编辑部电话**：(010)51873023
封面设计：刘　莎
责任校对：刘　畅
责任印制：高春晓

出版发行：中国铁道出版社有限公司（100054，北京市西城区右安门西街 8 号）
网　　址：https://www.tdpress.com
印　　刷：河北燕山印务有限公司
版　　次：2024 年 11 月第 1 版　2024 年 11 月第 1 次印刷
开　　本：880 mm × 1 230 mm 1/32　**印张**：2.75　**字数**：57 千
书　　号：ISBN 978-7-113-31666-2
定　　价：20.00 元

前言

2024年9月14日，随着龙龙高铁梅州西至龙川西段开通运营，中国铁路营业里程突破了16万公里，其中高速铁路超过了4.6万公里，稳居世界第一。从具有完全自主知识产权的中国标准动车组横空出世，到复兴号在京张智能高速铁路在世界上首次实现时速350公里自动驾驶，高速铁路技术树起了国际标杆。高速铁路的快速发展推动了铁路旅客运输领域的巨大变化，铁路运输企业不断突破以往的铁路旅客运输服务经营模式，不断改革创新管理技术，以提升广大旅客对铁路出行的美好向往和体验。2024年，中国国家铁路集团有限公司在《中国国家铁路集团有限公司铁路旅客运输规程》（铁客〔2022〕173号）的基础上不断改革创新完善，修订制定了《中国国家铁路集团有限公司铁路旅客运输规程（2024年版）》（铁客〔2024〕115号，以下简称《国铁集团客规》）。

为方便广大读者尽快学习掌握《国铁集团客规》，特编写本书。全书采用问答的形式，简单易学，通俗易懂，便于读者快捷查找掌握《国铁集团客规》各章节的相关规定。针对铁路旅客运输实际，新增附件问答内容，以便读者更加全面掌握铁路旅客旅行中相关问题的处理办法。

本书由南京铁道职业技术学院裴瑞江任主编；南京铁道职业技术学院周平任副主编；中国国家铁路集团有限公司宁斐、牟宏基、郑铎、刘峰、张志科、蔡云、李昊光、王晓蕾、李凡、王亮，中国铁路上海局集团有限公司鲁熹禧、张恒飞、宋娅，中国铁路沈阳局集团有限公司杨涛，中国铁路西安局集团有限公司王巧宁，中国铁路济南局集团有限公司孟庆阳，中国铁路广州局集团有限公司李文平、廖明聪，中国铁路兰州局集团有限公司朱海佳，中国铁路昆明局集团有限公司王小卫，中国铁路哈尔滨局集团有限公司苍海荣，南京铁道职业技术学院陈瑜，河北轨道运输职业技术学院刘艳红参加编写。

编　　者

2024 年 9 月

目　录

第一章 总　　则

1. 制定《国铁集团客规》的目的是什么？

答：制定《国铁集团客规》的目的是为维护铁路旅客运输正常秩序，保护铁路旅客运输合同各方当事人的合法权益。

2. 制定《国铁集团客规》的主要依据有哪些？

答：制定《国铁集团客规》的主要依据有《中华人民共和国民法典》《中华人民共和国铁路法》《铁路安全管理条例》等法律、行政法规和《铁路旅客运输规程》《铁路旅客车票实名制管理办法》等有关规定。

3.《国铁集团客规》的适用范围是什么？

答：《国铁集团客规》适用于国铁集团[①]所属铁路运输企业和控股合资铁路公司在境内的铁路旅客运输。

4.《国铁集团客规》规定旅客的含义是什么？

答：旅客是指持有铁路有效乘车凭证的人。

5.《国铁集团客规》规定儿童的含义是什么？

答：《国铁集团客规》中的儿童是指符合购买铁路儿童优惠票条件和免费乘车条件的未成年人。

6.《国铁集团客规》规定车票实名制管理的含义是什么？

答：车票实名购买和实名查验统称为车票实名制管理。

7.《国铁集团客规》规定车票实名购买的含义是什么？

答：车票实名购买是指购票人凭乘车人的有效身份证件购买车

---

① 中国国家铁路集团有限公司简称，下同。

票，铁路运输企业凭乘车人的有效身份证件销售车票，并记录旅客身份信息和购票信息的行为。

8.《国铁集团客规》规定车票实名查验的含义是什么？

答：车票实名查验是指铁路运输企业对实行车票实名购买的车票记载的身份信息与乘车人及其有效身份证件进行一致性核对，并记录旅客乘车信息的行为。

9.《国铁集团客规》规定联程车票的含义是什么？

答：联程车票是指旅客分段购买的，出发地至目的地间可联程接续的多段车票。

10.《国铁集团客规》对联程车票的联程接续车站有什么要求？

答：联程车票的联程接续车站即前段车票到站与后段车票发站应为同一或同城铁路客运营业站，且前段车票到站时间与后段车票开车时间间隔不超过 24 小时。

11.《国铁集团客规》规定铁路车票销售代理人的含义是什么？

答：铁路车票销售代理人是指与铁路运输企业签有代售合同，办理铁路车票销售经营业务的独立法人组织。

12.《国铁集团客规》规定报销凭证的含义是什么？

答：报销凭证是指铁路运输企业在提供售票、改签、退票等服务后开具的收付款凭证。

13.《国铁集团客规》报销凭证是否可以重复领取？

答：报销凭证仅可开具一次，不能重复领取。

14.《国铁集团客规》规定席位的含义是什么？

答：席位是指车票载明的车厢，以及座位或铺位位置。

15.《国铁集团客规》规定席别的含义是什么？

答：席别是指旅客列车席位的类别，包括硬座、软座、二等座、一等座、特等座、商务座、硬卧、软卧、高级软卧、二等卧、一等卧等。

16.《国铁集团客规》规定改签的含义是什么?

答:改签是指旅客变更乘车日期、时间、车次、席位、席别和到站时需办理的签证手续。

17.《国铁集团客规》规定客运记录的含义是什么?

答:客运记录是指在旅客或行李运输过程中因特殊情况,铁路运输企业与旅客之间需记载某种事项或车站与列车之间办理业务交接的纸质或电子凭证。

18.《国铁集团客规》规定时间的含义是什么?

答:时间是指以北京时间为准,从零时起计算,实行 24 小时制。

19.《国铁集团客规》规定包含本数的名词有哪些?

答:以上、以下、以前、以后、以内、以外均含本数。

20.《国铁集团客规》规定不包含本数的名词有哪些?

答:超过、未满、不足均不含本数。

第二章 旅客运输

第一节 铁路旅客运输合同

1.《国铁集团客规》规定铁路旅客运输合同的含义是什么？

答：铁路旅客运输合同是明确铁路运输企业与旅客之间权利义务关系的协议。

2.《国铁集团客规》规定铁路旅客运输合同从何时起成立？

答：铁路旅客运输合同从售出车票时起成立。

3.《国铁集团客规》对铁路旅客运输合同的履行终止时限是如何规定的？

答：铁路旅客运输合同按车票规定运输结束旅客出站时止，为合同履行终止。

4.《国铁集团客规》对旅客运输的运送期间是如何规定的？

答：旅客运输的运送期间自检票起至到站出站时止计算。

5.《国铁集团客规》对旅客中途自行下车，铁路旅客运输合同履行时限是如何规定的？

答：旅客自行中途下车，出站时铁路旅客运输合同履行终止。

第二节 车　票

6.《国铁集团客规》对铁路运输合同的凭证及形式是如何规定的？

答：车票是铁路旅客运输合同的凭证，可以采用电子数据形式或者纸质形式。

7.《国铁集团客规》规定车票的含义是什么?

答:《国铁集团客规》规定的车票是以电子数据形式体现的铁路旅客运输合同的凭证,并实施车票实名制管理。

8.《国铁集团客规》规定车票主要信息应包含哪些内容?

答:车票(特殊票种除外)主要信息应包含:

(1)发站和到站站名;

(2)车厢号、席位号、席别;

(3)票价;

(4)车次;

(5)乘车日期和开车时间;

(6)有效期;

(7)旅客身份证件信息。

9.《国铁集团客规》对执行票价是如何规定的?

答:车票票价为旅客购票时的执行票价。

10.《国铁集团客规》规定铁路运输企业调整票价时对已售出车票票价应如何处理?

答:铁路运输企业调整票价时,已售出的车票不再补收或退还票价差额。

11.《国铁集团客规》对车票有效期是如何规定的?

答:除有效期有其他规定的车票外,车票当日当次有效。

12.《国铁集团客规》规定旅客自行中途上车、下车时,未乘区间票款应如何处理?

答:旅客自行中途上车、下车的,未乘区间的票款不予退还。

第三节 售票与购票

13.《国铁集团客规》规定车票应通过哪些渠道购买?

答:车票应通过铁路运输企业提供的车站售票窗口、自动售票机、中国铁路12306网站(含铁路12306移动端,简称12306网站)、订票电话或铁路车票销售代理人的售票处购买。

14.《国铁集团客规》规定旅客购票时应履行的义务有哪些?

答:旅客应按约定支付运输费用,购票后应核对票、款,妥善保管车票信息及购票时所使用的有效身份证件。

15.《国铁集团客规》规定铁路运输企业可开办哪些票务业务?

答:《国铁集团客规》规定铁路运输企业可开办定期票、计次票、乘车卡等多种业务。

16.《国铁集团客规》规定铁路运输企业开办多种业务时应制定哪些业务规则?

答:铁路运输企业开办多种业务时应另行制定售票、改签、退票、检票和行李托运等业务规则。

17.《国铁集团客规》规定通过车站售票窗口、铁路车票销售代理人的售票处购票或列车上购票、补票时,可以使用的有效身份证件有哪些?

答:中华人民共和国居民身份证(含中华人民共和国临时居民身份证),居民户口簿,中华人民共和国护照,中华人民共和国出入境通行证,中华人民共和国旅行证,新生儿出生医学证明,军官证、警官证、文职干部证、义务兵证、士官证、军士证、警士证、文职人员证,海员证,以及公安机关出具的临时乘车身份证明,中华人民共和国港澳居民居住证,中华人民共和国台湾居民居住证,港澳居民来往内地通行证,往来港澳通行证,大陆居民往来台湾通行证,台湾居民来往大陆通行证,外国人永久居留身份证,外国人护照,外国人出入境证,公安机关出具的外国人签证证件受理回执、护照报失证明,各国驻华使领馆签发的临时性国际旅行证件(应当附具公安机关签发的有效签证或者停留证件)。

18.《国铁集团客规》规定通过12306网站、订票电话购票时,可以使用的有效身份证件有哪些?

答:中华人民共和国居民身份证(含中华人民共和国临时居民身份证),中华人民共和国护照,中华人民共和国港澳居民居住证,中华人民共和国台湾居民居住证,港澳居民来往内地通行证,台湾居民来往大陆通行证,外国人永久居留身份证,外国人护照。

19.《国铁集团客规》规定通过自动售票机购票时,可以使用的有效身份证件有哪些?

答:中华人民共和国居民身份证,中华人民共和国护照,中华人民共和国港澳居民居住证,中华人民共和国台湾居民居住证,港澳居民来往内地通行证,台湾居民来往大陆通行证,外国人永久居留身份证。

20.《国铁集团客规》对旅客的信息、联系方式收集是如何规定的?

答:旅客应向铁路运输企业提供真实有效的联系方式。发售实名制车票时,铁路运输企业可以记录、保存并在铁路服务过程中使用旅客信息、联系方式,按国家规定承担相应的保密义务。

21.《国铁集团客规》对向旅客提供"行程信息提示"是如何规定的?

答:铁路运输企业发售车票时,根据旅客需要提供载有车票主要信息的"行程信息提示"。通过12306网站购票的,"行程信息提示"可通过网站自行打印或下载。"行程信息提示"不能作为乘车凭证使用。

22.《国铁集团客规》对报销凭证的提供是如何规定的?

答:购票后需报销凭证时,应在开车前或乘车日期之日起180日以内,凭购票时所使用的有效身份证件到车站售票窗口、自动售票机开具。报销凭证不能作为乘车凭证使用。

第四节 售票条件

23.《国铁集团客规》规定车票最远可发售至哪里?

答:车票最远发售至本次列车终到站。铁路运输企业另有规定的票种除外。

24.《国铁集团客规》规定未满14周岁的儿童可否单独乘坐火车旅行?

答:除需要乘坐旅客列车通勤上学的学生和铁路运输企业同意在旅途中监护的儿童外,未满14周岁的儿童应当随同成年人旅客旅行。

25.《国铁集团客规》对购买儿童优惠票的条件是如何规定的?

答:随同成年人乘车的儿童,年满6周岁且未满14周岁的应当购买儿童优惠票;年满14周岁,应当购买全价票。每一名持票成年人旅客可免费携带一名未满6周岁且不单独占用席位的儿童乘车,超过一名时,超过人数应当购买儿童优惠票。儿童年龄按乘车日期计算。

26.《国铁集团客规》规定携带免费乘车儿童时,旅客应办理哪些手续?

答:旅客携带免费乘车儿童时,应当在购票时向铁路运输企业提前申明,购票申明时使用的免费乘车儿童有效身份证件为其乘车凭证。

27.《国铁集团客规》对免费乘车的儿童单独使用席位是如何规定的?

答:免费乘车的儿童单独使用席位时应购买儿童优惠票。

28.《国铁集团客规》对儿童优惠票的日期、车次等主要事项有何特殊规定?

答:儿童优惠票的乘车日期、车次及席别应与同行成年人所持车票相同,到站不得远于成年人车票的到站。

29.《国铁集团客规》对购买学生优惠票的学生范围是如何规定的?

答:家庭居住地和学校所在地不在同一城市的,全日制高等学校(含国务院教育行政部门、省级人民政府审批设置的实施高等学历教育的民办学校),承担研究生教育任务的科学研究机构,军事院校,普通中、小学和中等职业学校(含有实施学历教育资格的公办及民办中等专业学校、职业高中、技工学校），国务院或国家宗教事务局批准的正式宗教院校就读的学生和研究生可以购买学生优惠票。

30.《国铁集团客规》对学生优惠票的区间是如何规定的？

答：在规定院校就读的学生、研究生，可购买家庭居住地至院校（实习地点）所在地之间的学生优惠票。

31.《国铁集团客规》对在校学生购买学生优惠票的时间和次数是如何规定的？

答：每学年（10 月 1 日至次年 9 月 30 日）可购买四次单程的学生优惠票。

32.《国铁集团客规》对在校学生购买学生优惠票的凭证是如何规定的？

答：在规定院校就读的学生、研究生，家庭居住地和学校所在地不在同一城市时，凭附有标注减价优惠区间和火车票学生优惠卡的学生证（中、小学生凭加盖学校公章的书面证明），优惠区间应加盖院校公章，可购买学生优惠票。

33.《国铁集团客规》对新生和毕业生购买学生优惠票的凭证是如何规定的？

答：新生凭录取通知书、毕业生凭盖有院校公章的学校书面证明当年可购买一次学生优惠票。

34.《国铁集团客规》对购买学生优惠票的席别是如何规定的？

答：学生优惠票限于使用普通旅客列车硬座、硬卧和动车组列车二等座。

35.《国铁集团客规》对学生优惠票的优惠资质核验是如何规定的？

答：学生每学年乘车前应通过 12306 网站或到车站指定售票窗口或自动售票机办理一次本人居民身份证件与火车票学生优惠卡的优惠资质核验手续。通过车站指定售票窗口或自动售票机办理学生优惠资质核验手续时，应出具本人有效身份证和学生证（附有火车票学生优惠卡），没有火车票学生优惠卡，火车票学生优惠卡所载信息不全、不能识别或者与学生证记载不一致的，无法通过学生优惠资质核验。

36.《国铁集团客规》对未办理或未通过优惠资质核验购买学生优惠票乘车是如何规定的？

答：未办理或未通过优惠资质核验购买学生优惠票乘车时，列车应先办理补收票价差额手续，开具客运记录。旅客到站后可凭车补车票、学生证和购票时所使用的有效身份证件（列车如开具纸质客运记录，还应携带纸质客运记录），30日以内到车站售票窗口办理资质核验和退票手续。车站核实学生所购学生优惠票符合有关规定后，为其办理资质核验，扣减学生火车票优惠卡次数，退还车补车票票款，不收退票费。

37.《国铁集团客规》对华侨学生和港澳台学生购买学生优惠票的区间是如何规定的？

答：华侨学生和港澳台学生可购买学校所在地车站至口岸城市车站间的学生优惠票。铁路运输企业另有规定的除外。

38.《国铁集团客规》规定学生证的减价优惠区间更改时应如何办理？

答：学生证的减价优惠区间更改时，应重新加盖院校公章，并修改火车票学生优惠卡内相关信息。

39.《国铁集团客规》对学生优惠票的径路是如何规定的？

答：学生优惠票根据减价优惠区间按相对近径路或合理径路发售。

40.《国铁集团客规》规定在减价优惠区间内购买联程学生优惠票应如何扣减优惠次数？

答：在减价优惠区间内购买联程车票时，扣减一次优惠乘车次数。

41.《国铁集团客规》对学生优惠票优惠次数使用时限是如何规定的？

答：优惠乘车次数按学年使用有效，当学年不能使用下一学年的次数，当学年未使用的不能留作下学年使用。

42.《国铁集团客规》规定持哪些人员凭证可以购买优待票？

答：持中华人民共和国残疾军人证、中华人民共和国伤残人民警察证、国家综合性消防救援队伍残疾人员证的人员凭证可以购买优待票。

43.《国铁集团客规》规定在无人售票的乘降所上车的人员应如何购票？

答：在无人售票的乘降所上车的人员，可在列车内购票。

第五节　车票查验和安全检查

44.《国铁集团客规》对铁路运输企业查验旅客车票是如何规定的？

答：铁路运输企业按照国家有关规定对旅客所持车票和有效身份证件进行车票实名制查验。车站对进、出站的旅客和人员应当检票，列车对乘车旅客应验票。对应当持证购买的优惠票、优待票，铁路运输企业还须查验旅客相应优惠、优待证件。

45.《国铁集团客规》对检票后开车前取消旅行的旅客要求办理改签、退票手续是如何规定的？

答：旅客检票后在车票发站开车前取消旅行，需办理改签、退票手续的，应在开车前主动向车站声明。

46.《国铁集团客规》对旅客配合车票实名制查验工作是如何规定的？

答：旅客应配合铁路运输企业实施的车票实名制查验工作，携带免费乘车儿童还应提供其购票申明时使用的儿童有效身份证件；使用持证购买的优惠票、优待票应出示相应优惠、优待证件。

47.《国铁集团客规》对实施旅客及其携带品的安全检查是如何规定的?

答:铁路运输企业应当依照法律、行政法规和有关规定,对旅客及其携带品进行安全检查。旅客携带品应当遵守国家禁止或者限制运输的相关规定。

48.《国铁集团客规》对车站开车前提前停止检票时间公告是如何规定的?

答:车站在开车前提前停止检票,并应当在本站营业场所公告提前停止检票时间。旅客可通过乘车站营业场所公告查询。

49.《国铁集团客规》规定稽查人员在车内验票的凭证有哪些?

答:铁路稽查人员凭稽查证件、佩戴稽查标识可以在车内验票。

第六节 乘车条件

50.《国铁集团客规》规定旅客的乘车凭证有哪些?

答:旅客的乘车凭证是购票时使用的有效身份证件;随行免费乘车儿童的乘车凭证是其申明时所使用的儿童有效身份证件。

51.《国铁集团客规》规定旅客应当按有效车票载明的哪些信息乘车?

答:旅客应当按有效车票载明的日期、时间、车次、车厢号、席位号和席别乘车。

52.《国铁集团客规》对旅客乘车的席别有何限制?

答:持低票价席别车票的旅客不能在高票价席别的车厢(区域)滞留。

53.《国铁集团客规》对携带导盲犬进站乘车是如何规定的?

答:视力残疾旅客可以携带取得导盲犬工作证(载有导盲犬使用者信息,盖有公安部门或残疾人联合会公章,或带有国际导盲犬联盟标识“IGDF”),用于辅助视力残疾人工作、生活的导盲犬进站乘车。

旅客进站、乘车时,需主动出示残疾人证、导盲犬工作证、动物健康免疫证明等证件,携带的导盲犬接受安全检查。

第七节 变 更

54.《国铁集团客规》对车票改签次数、时间是如何规定的?

答:旅客可办理一次改签,在铁路运输企业有运输能力的前提下,按下列规定办理:

(1)开车前48小时的,可免费改签预售期内的列车。

(2)开车前不足48小时,可免费改签车票载明的乘车日期以前的列车。

(3)开车前不足48小时,可改签车票载明的乘车日期之后预售期内列车,核收改签费。

(4)开车后,在当日24时之前,可免费改签当日其他列车。

(5)开车后,在当日24时之前,可改签车票载明的乘车日期之后预售期内列车,核收改签费。

(6)办理变更到站的改签时,应在开车前48小时以上,原车票已托运行李的,还应办理行李变更或取消业务。

55.《国铁集团客规》规定旅客改签车票的途径有哪些?

答:旅客可在车站售票窗口、12306网站和具备改签功能的自动售票机办理改签。

56.《国铁集团客规》规定哪些车票必须到车站窗口办理改签手续?

答:已开具报销凭证的和使用现金支付方式购买的车票,仅可在车站售票窗口办理改签。

57.《国铁集团客规》规定哪些车票可在12306网站办理改签手续?

答:凭12306网站购票证件且使用电子支付方式购买的车票,可通过12306网站办理改签。

58.《国铁集团客规》规定在车站售票窗口办理改签时需出具哪些凭证?

答:在车站售票窗口办理改签时,乘车人须出具购票时使用有效身份证件;他人代办时应出具代办人有效身份证件及乘车人购票时使用的有效身份证件。

59.《国铁集团客规》对旅客办理已开具报销凭证的车票改签是如何规定的?

答:旅客办理已开具报销凭证的车票改签时,须交回报销凭证。报销凭证无法交回或不可识别、不完整时,铁路运输企业不予办理改签。

60.《国铁集团客规》对旅客办理改签费报销凭证是如何规定的?

答:改签后如需改签费报销凭证的,可在办理之日起180日以内,凭改签时使用的有效身份证到车站售票窗口、自动售票开具。

61.《国铁集团客规》规定改签车票产生票价差额时应如何处理?

答:旅客办理改签时,改签后的车票票价高于原票价时,核收票价差额;改签后的车票票价低于原票价时,退还票价差额,核收票价差额的退票费。

62.《国铁集团客规》规定旅客在列车上办理席位变更产生票价差额时应如何处理?

答:旅客在列车上办理席位变更时,变更后的票价高于原票价时,核收票价差额;变更后的票价低于原票价时,票价差额部分不予退还。

63.《国铁集团客规》规定因铁路运输企业责任使旅客不能按车票载明信息乘车时应如何处理?

答:因铁路运输企业责任使旅客不能按车票载明的日期、时间、车次、车厢号、席位号、席别乘车时,站、车应妥善安排。重新安排的席位票价高于原票价时,超过部分不予补收;低于原票价时,应当退还票价差额,不收退票费。

64.《国铁集团客规》规定旅客要求越过车票到站继续乘车时应如何办理?

答:旅客要求越过车票到站继续乘车时,须在原车票到站前提出,在有运输能力的情况下列车可予以办理,核收越站区间的票款;无运输能力时,列车有权拒绝旅客补票和继续乘车。

65.《国铁集团客规》规定什么情况下铁路运输企业可以调整改签办法?

答:必要时,铁路运输企业可以临时调整改签办法。

第八节 误售、误购、误乘和误降的处理

66.《国铁集团客规》规定在车站售票窗口发生旅客车票误售、误购时应如何处理?

答:在车站售票窗口发生旅客车票误售、误购时,旅客当场提出的,车站换发新票,需退还票价差额时,不收退票费。

铁路运输企业责任导致的误售应为旅客免费办理退票或换发新票。

67.《国铁集团客规》规定旅客发生误乘、误降时应如何办理?

答:旅客发生误乘、误降时,旅客应向站、车工作人员提出。

68.《国铁集团客规》规定列车遇旅客误乘时应如何处理?

答:列车遇旅客误乘时,列车长应编制客运记录交前方停车站。如误乘旅客提出乘坐本趟列车直接去原票到站时,所乘列车票价高于原票价时,核收票价差额;所乘列车票价低于原票价时,票价差额部分不予退还。

69.《国铁集团客规》规定车站遇误乘、误降旅客时应如何处理?

答:车站对本站发现或列车移交的误乘、误降旅客,应指定最近列车免费送回至车票到站或原票乘车站,对出站后提出的不予受理。

70.《国铁集团客规》规定误乘、误降旅客拒绝铁路运输企业安排应如何处理?

答:旅客拒绝铁路运输企业安排时,根据实际乘车区间补收相应票款,未使用部分票款不予退还。

71.《国铁集团客规》规定误乘、误降旅客免费送回区间中途下车时应如何处理?

答:在免费送回区间,旅客不得中途下车。如中途下车,对往返乘车的免费区间,按返程所乘列车等级分别核收往返区间的票款。

72.《国铁集团客规》对误乘、误降旅客免费送回区间乘坐席别是如何规定的?

答:免费送回区间,旅客应按照铁路运输企业指定的席别乘坐,旅客如提出乘坐高票价席别时,应重新支付高票价席别票款。

第九节　丢失乘车凭证的处理

73.《国铁集团客规》规定旅客在乘车前丢失购票身份证件时应如何办理?

答:旅客在乘车前丢失购票身份证件的,应到该有效身份证件的发证机构办理临时身份证明,凭临时身份证明进出站乘车。

74.《国铁集团客规》规定列车遇旅客丢失购票身份证件时应如何处理?

答:在列车上须先办理补票手续,办理时,列车核验席位使用正常的,开具客运记录。

75.《国铁集团客规》规定车站遇旅客出站前丢失购票身份证件时应如何处理?

答:旅客出站前丢失证件的,须先办理补票手续,凭后补车票检票出站。车站核验车票无出站检票记录的,开具客运记录。

76.《国铁集团客规》对旅客丢失购票身份证件补票后办理退票是如何规定的?

答:旅客应在乘车日期之日起30日以内,凭该有效身份证件发证机构办理的临时身份证明和后补车票(如开具纸质客运记录,还应携带纸质客运记录),到列车的经停站退票窗口办理后补车票与原票乘车区间一致部分的退票手续。办理退票手续时,如核查丢失证件所购原票有出站记录的,后补车票不予退票;无出站记录的,办理退票时,不收退票费。

第十节 不符合乘车条件的处理

77.《国铁集团客规》规定哪些不符合乘车条件行为铁路运输企业除按规定补票外并加收已乘区间应补票价50%的票款?

答:(1)无票乘车且未主动补票时;

(2)持用变造、伪造或涂改的乘车凭证乘车时;

(3)票、证、人不一致的;

(4)持用低票价席别车票乘坐高票价席别时;

(5)旅客持优惠票、优待票,没有规定的减价凭证或不符合减价条件时。

78.《国铁集团客规》规定遇无票乘车且未主动补票时应如何处理?

答:无票乘车且未主动补票时,补收自乘车站(不能判明时自始发站)起至到站止的车票票款,加收已乘区间应补票价50%的票款。持失效车票乘车或在车票到站后不下车继续乘车的,按无票处理,加收已乘区间应补票价50%的票款。

79.《国铁集团客规》规定遇持用变造、伪造或涂改的乘车凭证乘车时应如何处理?

答:持用变造、伪造或涂改的乘车凭证乘车时,除补收自乘车站(不能判明时自始发站)起至到站止的车票票款,加收已乘区间应补票价50%的票款外并送交公安部门处理。

80.《国铁集团客规》规定遇票、证、人不一致的应如何处理？

答：票、证、人不一致的，补收自乘车站（不能判明时自始发站）起至到站止的车票票款，加收已乘区间应补票价 50% 的票款。

81.《国铁集团客规》规定遇持用低票价席别车票乘坐高票价席别时应如何处理？

答：持用低票价席别车票乘坐高票价席别时，补收所乘区间的票价差额，加收已乘区间应补票价 50% 的票款。

82.《国铁集团客规》规定遇旅客持优惠票、优待票，没有规定的减价凭证或不符合减价条件时应如何处理？

答：旅客持优惠票、优待票，没有规定的减价凭证或不符合减价条件时，按照全价票价补收票价差额，加收已乘区间应补票价 50% 的票款。

83.《国铁集团客规》规定哪些不符合乘车条件的情况只补收票款？

答：有下列情况时应当补收票款：

（1）应购买儿童优惠票而未买票的儿童，补收儿童优惠票票款。

（2）应购买全价票而购买儿童优惠票乘车的未成年人，应补收儿童优惠票票价与全价票价的差额。

（3）主动补票或者经站、车同意上车补票的。

第十一节　拒绝运送和运输合同的终止

84.《国铁集团客规》规定对无票乘车而又拒绝补票的人应如何处理？

答：对无票乘车而又拒绝补票的人，列车长可责令其下车并应编制客运记录交前方三等以上车站或县、市所在地车站处理（其到站近于上述车站时应交到站处理）。车站对列车移交或本站发现的上述人员应追补应收和加收的票款。

85.《国铁集团客规》规定对哪些旅客可拒绝其进站、上车或责令其下车?

答:对下列旅客,站、车均可拒绝其进站、上车或责令其下车;对责令其下车的,其未使用至到站的票款不予退还,运输合同即行终止。

(1)有《国铁集团客规》第四十一条规定的情况之一,拒不支付应补票款和加收票款的;

(2)不接受安全检查的,坚持携带或者夹带禁止、限制物品的;

(3)不接受车票实名制查验的;

(4)在站、车内寻衅滋事、扰乱公共秩序,患有烈性传染病、严重精神障碍和醉酒等有可能危及列车安全或者其他旅客以及铁路站、车工作人员人身安全的;

(5)告知列车无运输能力后,无票继续越站乘车的;

(6)国家规定的其他情况。

第十二节 退 票

86.《国铁集团客规》对旅客要求退票时办理的时间是如何规定的?

答:旅客要求退票时,须在车票载明的日期、车次开车时间前办理。

87.《国铁集团客规》对已办理行李托运的车票退票是如何规定的?

答:已办理行李托运的车票退票时,应先办理取消行李托运业务。

88.《国铁集团客规》规定旅客要求退票时票款应如何处理?

答:退票核收退票费,应退票款按购票时的支付方式退还。

89.《国铁集团客规》对旅客领取退票费报销凭证是如何规定的?

答:退票后如需退票费报销凭证的,可在办理之日起180日以内到车站售票窗口、自动售票机凭购票时使用的有效身份证件开具。

90.《国铁集团客规》规定哪些情况不办理退票?

答:(1)车票发站开车后;

(2)开车后改签的车票;

(3)加收的票款;

(4)车补车票(因未通过或未办理学生资质核验和丢失购票时使用的有效身份证件,而办理的补票除外)。

91.《国铁集团客规》规定旅客办理退票的途径有哪些?

答:旅客可在车站售票窗口、12306 网站和具备退票功能的自动售票机办理退票。凭各种有效身份证件购买的车票均可在车站售票窗口办理退票;凭 12306 网站购票证件购买的车票可在 12306 网站办理退票;在具备退票功能的自动售票机办理退票时,应按系统提示办理。

92.《国铁集团客规》对使用 12306 网站购票证件通过现金方式购买或已开具报销凭证的车票退票是如何规定的?

答:旅客使用 12306 网站购票证件,通过现金方式购买或已开具报销凭证的车票,可通过 12306 网站先行办理退票,自网上办理退票成功之日起 180 日以内,凭乘车人有效身份证件到车站指定窗口办理退款手续。

93.《国铁集团客规》对在车站售票窗口办理退票的证件是如何规定的?

答:在车站售票窗口办理退票时,乘车人本人办理的,需出具购票时所使用的有效身份证件;代乘车人办理的,需出具代办人的有效身份证件和乘车人购票时所使用的有效身份证件。

94.《国铁集团客规》对已开具报销凭证的车票退票或退款是如何规定的?

答:旅客办理已开具报销凭证的车票退票或退款手续时,须交回报销凭证。报销凭证无法交回或不可识别、不完整时,铁路运输企业不办理退票或退款。

95.《国铁集团客规》对因伤、病不能继续旅行的旅客退票是如何规定的?

答:旅客旅行途中因伤、病不能继续旅行时,经站、车核实,可在下车后 30 日以内到下车站办理退票,退还已收票价与已乘区间票价差额,核收退票费;同行人同样办理。

96.《国铁集团客规》规定因铁路运输企业责任或自然灾害等导致旅客退票时应如何办理?

答:因铁路运输企业责任或自然灾害等其他不能正常运输情形导致旅客退票时按下列规定办理,不收退票费:

(1)在车票发站,退还全部票款;

(2)在中途站,退还未乘区间票款;

(3)在到站,退还车票未使用部分票款;

(4)列车因空调设备故障在运行过程中不能修复时,应退还未使用区间的空调费用。

97.《国铁集团客规》规定列车晚点导致未乘车旅客退票时应如何处理?

答:因列车晚点导致未乘车旅客退票时,应在车票发站列车实际开车前办理,退还全部票款,不收退票费。晚点列车晚点信息公布前已购联程车票,可一并办理退票,不收退票费。

98.《国铁集团客规》规定列车晚点导致旅客分别办理联程车票退票时应如何处理?

答:因列车晚点导致旅客分别办理联程车票退票的,按《国铁集团客规》第四十五条和第四十六条相关规定处理。

99.《国铁集团客规》对因列车停运导致旅客退票是如何规定的?

答:因列车停运导致旅客退票时,旅客可自列车停运信息公布时起至车票乘车日期后 30 日以内办理退票手续,不收退票费。停运列车停运信息公布前购买的联程车票,可在联程车票开车前一并办理退票，不收退票费。

100.《国铁集团客规》规定列车停运导致旅客分别办理联程车票退票时应如何处理？

答：因列车停运导致旅客分别办理联程车票退票的，按《国铁集团客规》第四十五条和第四十六条相关规定处理。

101.《国铁集团客规》规定什么情况下铁路运输企业可以调整退票办法？

答：必要时，铁路运输企业可以临时调整退票办法。

第十三节　携　带　品

102.《国铁集团客规》对旅客携带品的看管是如何规定的？

答：旅客携带品由自己负责看管。旅客需妥善放置携带品，不得影响公共空间使用和安全。

103.《国铁集团客规》对每名旅客携带品的重量和规格是如何规定的？

答：每人免费携带品的重量和规格是：儿童 10 千克，外交人员 35 千克，其他旅客 20 千克。每件物品外部尺寸长、宽、高之和不超过 160 厘米，杆状物品不超过 200 厘米；但乘坐动车组列车均不超过 130 厘米；每件重量不超过 20 千克。平衡车、滑行器等轮式代步工具须使用硬质包装物妥善包装。

104.《国铁集团客规》对旅客携带轮椅及婴儿车有何特别规定？

答：依靠辅助器具才能行动的老、幼、病、残、孕等特殊重点旅客旅行时代步的折叠式轮椅，以及随行婴儿使用的折叠婴儿车，可免费携带并不计入旅客携带品重量和规格范围。

105.《国铁集团客规》对旅客不得随身携带乘车的物品是如何规定的？

答：旅客携带品应当遵守国家禁止或者限制运输的相关规定。为保障车站、旅客列车等公共场所内外整洁、空气清新，妨碍公共卫生的物品，能够损坏或污染车辆的物品，以及活动物（导盲犬和作为食品且经封闭箱体包装的鱼、虾、蟹、贝、软体类水产动物除外）不得随身携带乘车。

106.《国铁集团客规》规定在乘车站发现旅客违规携带物品时应如何处理？

答：在乘车站发现旅客违规携带的物品时禁止其进站上车。

107.《国铁集团客规》规定在列车内或下车站发现旅客违规携带物品时应如何处理？

答：在列车内或下车站，对超过免费重量的物品，其超重部分应自上车站至下车站补收行李运费。对不可分拆的整件超重、超大物品、活动物，按该件全部重量补收上车站至下车站行李运费。列车不具备补收条件时可交前方停车站处理。

108.《国铁集团客规》规定发现危险品或禁止、限制运输的物品，妨碍公共卫生的物品，损坏或污染车辆的物品时应如何处理？

答：发现危险品或禁限物品、妨碍公共卫生的物品，损坏或污染车辆的物品时，列车交前方停车站处理，车站按物件物品全部重量加倍补收上车站至下车站行李运费；涉嫌违法犯罪的送交公安部门处理，对有必要就地销毁的危险品或禁限物品应按有关规定处理。

109.《国铁集团客规》旅客携带超重、超大的物品价值低于运费时应如何处理？

答：如旅客携带超重、超大的物品价值低于运费时，可按物品价值的50%核收运费。

110.《国铁集团客规》对旅客违规携带物品补收运费的区间是如何规定的？

答：旅客违规携带物品补收运费时，不得超过本次列车的始发站和终到站。不能判明上车站时，自始发站起计算。

第十四节　旅客遗失物品的处理

111.《国铁集团客规》规定列车发现旅客遗失物品时应如何处理？

答：列车发现旅客遗失物品应积极寻找失主。如旅客已经下车，应编制客运记录，注明品名、件数等移交下车站。不能判明时，移交列车前方站或终到站。

112.《国铁集团客规》规定车站对本站发现或列车移交的旅客遗失物品应如何处理？

答：车站应设失物招领处，对本站发现或列车移交的旅客遗失物品，要及时登记、妥善保管，并在12306网站或车站进行公告。失主来领取时，应查验有效身份证件，核对时间、地点、车次、品名、件数、重量，确认无误后，由失主签收。

铁路运输企业可依据相关法律、行政法规和有关规定对保管的遗失物品核收保管费。

鲜活易腐物品和食品不负责保管。

无人认领的遗失物品按国家有关规定处理。

113.《国铁集团客规》对旅客遗失物品保管费是如何规定的？

答：铁路运输企业可依据相关法律、行政法规和有关规定对保管的遗失物品核收保管费。

第三章 行李运输

第一节 行李运输合同

1.《国铁集团客规》规定铁路行李运输合同的含义是什么?

答:铁路行李运输合同是指铁路运输企业与旅客之间明确行李运输权利义务关系的协议。

2.《国铁集团客规》规定铁路行李运输合同的凭证是什么?

答:行李运输合同的凭证是行李票。行李票可采用纸质票、电子票等形式。

3.《国铁集团客规》规定行李票主要信息应包含哪些内容?

答:行李票主要信息应包含以下信息:

(1)承运日期、发站、到站和经由;

(2)乘坐车次、人数、车票号;

(3)旅客姓名、电话、地址;

(4)包装种类、件数、重量;

(5)声明价格;

(6)运费;

(7)运到期限、承运站站名戳及经办人员名章;

(8)铁路运输企业名称。

4.《国铁集团客规》对行李运输合同的成立及履行完毕时间是如何规定的?

答:行李运输合同自铁路运输企业接收行李并填发行李票时起成立,到行李运至到站交付给旅客止履行完毕。

第二节　行李的范围

5.《国铁集团客规》规定行李的含义是什么？

答：行李是旅客凭车票托运的一定限度的旅行必需品。

6.《国铁集团客规》规定行李不得夹带的物品有哪些？

答：行李中不得夹带的物品：

（1）货币：含各币种的纸币和金属辅币；

（2）有价票证：银行卡、储值卡等；

（3）文物；

（4）金银珠宝；

（5）档案材料：指人事、技术档案，组织关系，户口簿或户籍关系，各种证件、证书、合同、契约等；

（6）易碎品、流质物品和骨灰；

（7）妨碍公共卫生和安全的物品；

（8）危险品，铁路运输企业不能判明理化性质的物品按危险品处理；

（9）国家禁止、限制运输物品。

7.《国铁集团客规》对行李的重量和规格是如何规定的？

答：行李每件的最大重量为 50 千克，外部尺寸长、宽、高之和最大不超过 200 厘米，最小不小于 60 厘米。

行动不便旅客在旅行中使用的轮椅可按行李托运。

8.《国铁集团客规》对行李的运输时间是如何规定的？

答：行李一般随旅客所乘列车运送或提前运送。

第三节　行李的托运与承运

9.《国铁集团客规》对旅客托运行李的条件是如何规定的？

答：旅客凭有效车票和有效身份证件可在乘车区间行李办理站间

托运一次行李，办理时需出示车票报销凭证。

10.《国铁集团客规》对旅客托运行李的重量是如何规定的？

答：每张车票允许托运行李的重量为50千克(行李中有轮椅为75千克)，超出部分按2倍的行李运费计费。

11.《国铁集团客规》对旅客托运行李的凭证是如何规定的？

答：行李托运实行实名制，办理行李托运时，铁路运输企业应核验旅客车票和有效身份证件的一致性，他人代办时还应出示代办人的有效身份证件。

12.《国铁集团客规》对旅客托运行李的安全检查是如何规定的？

答：铁路运输企业应当依照法律、行政法规和有关规定，对旅客托运的行李进行安全检查。对不配合安全检查的，铁路运输企业有权拒绝承运。

13.《国铁集团客规》规定旅客托运行李应履行哪些主要义务？

答：旅客应按约定缴纳运输费用，完整、准确填写托运单。

第四节 保价运输

14.《国铁集团客规》对行李的保价运输方式是如何规定的？

答：行李分为保价运输和不保价运输，旅客可自主选择。

15.《国铁集团客规》规定行李按保价运输时应如何办理？

答：按保价运输时，可分件声明价格，也可按一批全部件数声明价格。按一批办理时，不得只保其中一部分。

16.《国铁集团客规》对行李按保价运输核收保价费是如何规定的？

答：按保价运输的行李核收保价费。保价的行李发生运输变更时，保价费不补不退。旅客在承运后发送前取消托运或因铁路运输企业责任造成的取消托运时，保价费全部退还。行李发生损失并办理赔偿的，保价费不退。

17.《国铁集团客规》对铁路运输企业核查行李保价价格有何规定？

答：铁路运输企业对按保价运输的行李可以检查其声明价格与实际价格是否相符；如拒绝检查，铁路运输企业可以拒绝按保价运输承运。

第五节 包 装

18.《国铁集团客规》对行李的包装是如何规定的？

答：行李的包装应当完整牢固，适合运输。其包装的材料和方法应符合国家或铁路运输企业规定的包装要求。包装不符合要求时，旅客应按照相关规定改善包装。旅客拒绝改善包装的，铁路运输企业可以拒绝承运。

第六节 运到期限

19.《国铁集团客规》规定行李的运到期限如何计算？

答：行李的运到期限以运价里程计算。从承运日起，行李 600 千米以内为 3 日，超过 600 千米时，每增加 600 千米增加 1 日，不足 600 千米也按 1 日计算。由于不可抗力等非铁路运输企业责任发生的停留时间加算在运到期限内。

20.《国铁集团客规》对行李逾期运到违约金是如何规定的？

答：行李超过规定的运到期限运到时，铁路运输企业应按逾期日数及所收行李运费的百分比向旅客支付违约金。行李变更运输时，逾期运到违约金不予支付。旅客要求支付违约金时，凭行李票在行李到达日起 10 日以内提出。

21.《国铁集团客规》规定行李逾期到达或逾期尚未到达，旅客需继续旅行要求将逾期运到的行李运至新到站时应如何处理？

答：行李逾期到达或逾期尚未到达，旅客需继续旅行，凭新购车票及原行李票号要求转运至新到站时,铁路运输企业开具新行李票,免费转运。

22.《国铁集团客规》规定行李未到且当时又未超过运到期限,旅客需继续旅行要求将逾期运到的行李运至新到站时应如何处理?

答:行李未到,当时又未超过运到期限,旅客需继续旅行并凭行李票票号及新购车票办理转运新到站的手续,交付运费之后,发现行李逾期到达原到站,由新到站凭原到站开具的客运记录退还已收转运区间运费,保价费不退。

23.《国铁集团客规》对逾期行李办理免费转运时违约金是如何规定的?

答:逾期行李办理免费转运的,不再支付违约金。

24.《国铁集团客规》规定行李超过运到期限 30 日以上仍未到达时应如何处理?

答:行李超过运到期限 30 日以上仍未到达时,旅客可以认为行李已灭失而向铁路运输企业提出赔偿。

第七节 到达保管、通知和查询

25.《国铁集团客规》对行李的到达保管时限是如何规定的?

答:行李运到后从通知之日起,铁路运输企业免费保管 3 日,逾期到达的行李免费保管 10 日。因铁路运输企业责任和不可抗力等原因导致旅客行李延迟到达时,按延迟日数增加免费保管日数。超过免费保管期限时,按日核收保管费。

26.《国铁集团客规》对行李的到达通知是如何规定的?

答:行李到达后,铁路运输企业应当及时通知旅客,最晚不得超过到达次日 12 点。旅客询问逾期行李是否到达时,铁路运输企业应及时予以查找。

第八节　装卸、交付

27.《国铁集团客规》规定行李的一次装卸作业指什么?

答:将行李从行包房的收货地点至装上行李车,或从行李车卸下至规定的交付地点,各为一次作业。

28.《国铁集团客规》规定行李的装卸费由谁收取?

答:行李由发站收取装卸费。

29.《国铁集团客规》规定领取行李的凭证是什么?

答:旅客凭本人购票时使用的有效身份证件领取行李。他人代领时凭旅客购票时使用的有效身份证件和代领人有效身份证件领取。

30.《国铁集团客规》规定领取行李发现有短少或异状时应如何处理?

答:旅客领取行李时,如发现有短少或异状应在领取时及时提出。铁路运输企业应当认真检查、检斤复磅,必要时可会同公安人员开包检查。检查发现有损失时,应编制行包记录交旅客作为要求赔偿的依据。

第九节　变更运输

31.《国铁集团客规》对行李变更运输的次数和地点是如何规定的?

答:旅客在办理行李托运手续后,可按规定办理一次行李变更手续;办理行李变更的到站、中止站必须是行李办理站。

32.《国铁集团客规》规定在发站装运前取消托运时应如何办理行李变更手续?

答:在发站装运前取消托运时,退还全部行李运费,核收保管费。

33.《国铁集团客规》规定在发站装运后取消托运时应如何办理行李变更手续?

答:在发站装运后取消托运时,行李由到站运回发站,已收行李运费不退，补收到站至发站间行李运费。

34.《国铁集团客规》对旅客办理车票变更到站后，在行李装运前办理行李到站变更手续有何规定？

答：旅客办理车票变更到站后，在装运前办理行李到站变更时，补收或退还已收行李运费与发站至新到站行李运费的差额。

35.《国铁集团客规》对旅客办理车票变更到站后，在行李装运后办理行李到站变更手续有何规定？

答：旅客办理车票变更到站后，在装运后办理行李到站变更时，已收行李运费不退，另补收原到站至新到站的行李运费。

36.《国铁集团客规》规定旅客中止旅行后，要求将行李运回旅行中止站时应如何办理行李变更手续？

答：旅客中止旅行后，要求将行李运回旅行中止站时，补收原到站至中止站间的行李运费。

37.《国铁集团客规》规定行李办理变更运输后产生的杂费如何核收？

答：办理变更运输后产生的杂费按实际产生的核收。如应退行李运费低于已产生的杂费时，则不补收杂费也不退还行李运费。

38.《国铁集团客规》规定旅客误售、误购车票，对已托运行李的运费如何处理？

答：旅客误售、误购车票，对已托运的行李，补收或退还已收行李运费与发站至正当到站间的行李运费差额。

39.《国铁集团客规》规定旅客办理变更到站或退票后未同时办理行李变更手续时运费应如何处理？

答：旅客办理变更到站或退票后，未同时办理行李变更手续时，由到站另行收取两倍行李运费。

第十节　品名不符的处理

40.《国铁集团客规》规定将国家禁止、限制运输的物品或危险品夹带进行李运输时应如何处理?

答:将国家禁止、限制运输的物品或危险品夹带运输时,在发站取消托运,在中途站停止运送(在列车上发现危险品交前方停车站),均通知有关部门和旅客处理,已收行李运费不退,按该件全部重量另行加倍补收行李运费,核收保管费。

第十一节　无法交付行李的处理

41.《国铁集团客规》规定对无法交付的行李如何处理?

答:对无法交付的行李,铁路运输企业应登记造册,妥善保管。国家法律、行政法规规定不能买卖的物品应及时交有关部门处理。

42.《国铁集团客规》对无法交付行李的处理时限是如何规定的?

答:行李从运到日起,90 日以内仍无人领取时,铁路运输企业应进行公布。公布 90 日以后仍无人领取时,铁路运输企业可以变卖。

第四章　特殊情况的处理

第一节　列车运行中断对旅客的安排

1.《国铁集团客规》规定运行中断对旅客应如何安排?

答:运行中断,列车不能继续运行时,应妥善安排被阻旅客,及时告知相关出行信息。

2.《国铁集团客规》规定运行中断旅客有哪些选择?

答:运行中断,旅客可以按照铁路运输企业的安排返回发站、中途站退票或绕道旅行,退票按照《国铁集团客规》第五十一条办理。

3.《国铁集团客规》对运行中断铁路运输企业组织原列车绕道运输是如何规定的?

答:运行中断,铁路运输企业组织原列车绕道运输时,旅客原票不补不退,但中途下车铁路旅客运输合同即履行终止。

4.《国铁集团客规》规定运行中断影响旅行旅客要求出具证明时应如何办理?

答:由于运行中断影响旅行,旅客要求出具证明时,车站应开具文字证明。

第二节　运行中断对行李的安排

5.《国铁集团客规》规定运行中断对发站已承运的行李应如何处理?

答:运行中断,对发站已承运的行李应妥善保管,铁路运输企业组织绕道运输时,行李运费不补不退。

6.《国铁集团客规》规定运行中断旅客在中途站(行李办理站)要求领取或运回发站时应如何处理?

答:旅客在中途站(行李办理站)要求领取时,应退还未运送部分的行李运费。不足起码运费按起码运费退还。对要求运回发站取消托运的,退还全部行李运费。

7.《国铁集团客规》规定运行中断旅客在发站或中途站办理退票,要求将已运至到站的行李运回退票站时运费应如何处理?

答:旅客在发站或中途站办理退票,而托运的行李已运至到站,要求将行李运回发站或中途站,行李运费不补不退。

8.《国铁集团客规》规定运行中断旅客在发站或中途站办理退票,要求将已运至到站的行李仍运至到站时运费应如何处理?

答:旅客在发站或中途站办理退票,而托运的行李已运至到站,如要求将行李仍运至到站时,需另行支付全程或终止旅行站至到站两倍行李运费。

第三节　赔偿责任和免责范围

9.《国铁集团客规》规定遇运送期间旅客发生急病、分娩、遇险时应如何处理?

答:在铁路运送期间旅客发生急病、分娩、遇险时,铁路运输企业应当尽力采取救助措施并做好记录。

10.《国铁集团客规》规定运送期间发生旅客人身损害时铁路运输企业如何承担责任?

答:铁路运输企业应当对铁路运送期间发生的旅客人身损害承担赔偿责任;旅客自身健康原因造成的或者铁路运输企业证明伤亡是旅客故意、重大过失造成的,铁路运输企业不承担赔偿责任。

11.《国铁集团客规》规定运送期间因第三人原因造成旅客人身损害的责任如何划分?

答:在铁路运送期间因第三人原因造成旅客人身损害的,由第三人承担赔偿责任。铁路运输企业有过错的,应当在能够防止或者制止损害的范围内承担相应的补充赔偿责任。铁路运输企业承担补充赔偿责任后,有权向第三人追偿。

12.《国铁集团客规》规定运送期间发生旅客携带品毁损、灭失时铁路运输企业如何承担责任?

答:在铁路运送期间发生旅客携带品毁损、灭失时,铁路运输企业过错造成的,应当承担赔偿责任。

13.《国铁集团客规》规定运送期间发生旅客携带品毁损、灭失时赔偿标准如何确定?

答:旅客证明其确已携带进站乘车,且能够确定携带品价格的,按下列规定赔偿:

(1)旅客出具发票(或者其他有效证明)证明购买价格时,以扣除物品合理折旧、损耗后的净值予以赔偿;

(2)以处理单位所在地价格评估机构确定的物品价格予以赔偿。

14.《国铁集团客规》规定行李发生灭失、短少、污染或者损坏时铁路运输企业如何承担责任?

答:铁路运输企业应当对承运的行李自接受承运时起到交付时止发生的灭失、短少、污染或者损坏,承担赔偿责任。

15.《国铁集团客规》规定哪些原因造成行李损失的铁路运输企业不承担责任?

答:因下列原因造成的行李损失,铁路运输企业不承担责任:

(1)不可抗力;

(2)物品本身的自然属性或合理损耗;

(3)包装方法或容器不良,从外部观察不能发现时;

(4)旅客违反铁路规章或其他自身的过错。

16.《国铁集团客规》对按保价运输办理的行李损失赔偿标准是如何规定的?

答：按保价运输办理的行李全部灭失时按实际损失赔偿，但最高不超过声明价格。部分损失时，按损失部分所占的比例赔偿。分件保价的行李按所灭失该件的实际损失赔偿，最高不超过该件的声明价格。

17.《国铁集团客规》对未按保价运输办理的行李损失赔偿标准是如何规定的？

答：未按保价运输的行李按实际损失赔偿，但最高连同包装重量每千克不超过15元。如由于铁路运输企业故意或重大过失造成的，不受上述赔偿限额的限制，按实际损失赔偿。

18.《国铁集团客规》规定行李全部或部分灭失时运费应如何处理？

答：行李全部或部分灭失时，退还全部运费。

第四节　事故赔偿、索赔时效及纠纷处理

19.《国铁集团客规》规定发生人身损害事故旅客可向哪些车站提出赔偿要求？

答：发生旅客人身损害事故时，旅客可向事故发生站或处理站要求赔偿。

20.《国铁集团客规》规定发现携带品损失时旅客和运输企业如何处理？

答：旅客在车站发现携带品损失时，应当在离开车站前向发生站声明；在列车上发现时，应当在下车前声明，由列车长开具客运记录交到站处理。旅客要求赔偿时，应当按照《国铁集团客规》第九十七条规定，提交携带品内容、价格、携带进站乘车等有关证明。

21.《国铁集团客规》规定发生行李损失时应如何处理？

答：发生行李损失时，车站应会同有关人员编制行包记录交旅客作为要求赔偿的依据。损失赔偿一般应在到站办理，特殊情况也可由

发站办理。

22.《国铁集团客规》对发生行李损失时对旅客的赔偿要求是如何规定的?

答:发生行李损失,旅客要求赔偿时:

(1)应在规定的期限内提出;

(2)应提供下列材料:旅客有效身份证件、行李票;行包记录;证明物品内容和价格的凭证。

23.《国铁集团客规》规定丢失的旅客行李找到后应如何处理?

答:丢失的旅客行李找到后,铁路运输企业应迅速通知旅客领取,撤销赔偿手续,收回赔款。如旅客不同意领取时,按无法交付物品处理。如发现有欺诈行为不肯退回赔款时,可通过法律等手段追索。

24.《国铁集团客规》对铁路运输企业与旅客因合同纠纷产生索赔或互相间要求办理退补费用的时限是如何规定的?

答:铁路运输企业与旅客因合同纠纷产生索赔或互相间要求办理退补费用的有效期为三年。责任方自接到赔偿要求书的次日起,一般应于30日以内向赔偿要求人做出答复,应当赔偿的,尽快办理赔偿。多收或少收时应于30日以内退补完毕。

25.《国铁集团客规》规定铁路运输企业与旅客合同纠纷有效期从何时起计算?

答:铁路运输企业与旅客合同纠纷有效期从下列日期起计算:

(1)身体损害和随身携带品损失时,为发生事故的次日;

(2)行李全部损失时为运到期限终了的次日,部分损失时为交付的次日;全批未到的为运到期限期满后的第31日;

(3)给铁路造成损失时,为发生事故的次日;

(4)多收或少收运输费用时,为核收该项费用的次日。

第五章 附　则

1.《国铁集团客规》的性质是什么？

答：《国铁集团客规》是旅客运输合同组成部分，旅客和铁路运输企业应当共同遵照执行。

2. 哪些运输企业应按与国铁集团的约定执行《国铁集团客规》？

答：委托国铁集团及所属运输企业管理所辖线路的非控股铁路运输企业办理境内旅客运输时，以及地方铁路运输企业与国铁集团办理境内旅客过轨运输时，均应按照约定执行《国铁集团客规》。

3.《国铁集团客规》规定车站的启用、封闭和营业范围的变更如何公布？

答：车站的启用、封闭和营业范围的变更，于实施前通过车站营业场所或 12306 网站公布。

4.《国铁集团客规》规定车站有关营业处所公布旅客运输业务事项的要求有哪些？

答：车站有关营业处所应有营业时间、列车时刻、铁路旅客购票须知、铁路旅客旅行须知和铁路旅客乘车安全须知等内容，票价、运价和杂费按规定执行明码标价。相关规定遇有变动，须于实施前公布。

5.《国铁集团客规》规定中国铁路客户服务中心业务范围是什么？

答：中国铁路客户服务中心为国铁集团设立的全国统一客服服务中心，受理旅客投诉、建议和咨询等业务。

6.《国铁集团客规》规定中国铁路客户服务中心受理业务的渠道有哪些？

答：中国铁路客户服务中心通过网站、电话和邮箱渠道受理旅客投诉、建议和咨询等业务。服务网站为 12306 网站,服务电话为 12306,服务邮箱为 kfw@12306.cn。

7.《国铁集团客规》授权哪个部门负责具体解释工作?

答:授权国铁集团客运部负责具体解释工作。

8.《国铁集团客规》自何时起施行?

答:自 2024 年 9 月 1 日起施行。

9.2024 年版《国铁集团客规》废止了哪些文件?

答:原铁道部《关于启用新版退票费报销凭证的通知》(铁运〔2009〕5 号)停止执行。《中国铁路总公司关于发布票面“乘车须知”(2018 年第 1 版)的通知》(铁总客电〔2018〕115 号)、《国铁集团关于印发〈中国国家铁路集团有限公司铁路旅客运输规程〉的通知》(铁客〔2022〕173 号)和《国铁集团办公厅关于公布铁路旅客购票须知、旅行须知和安全须知的通知》(铁办客〔2023〕57 号),以及《国铁集团关于公布〈国铁集团铁路旅客运输规程〉等有关文件修改内容的通知》(铁客〔2024〕6 号)的附件 1 和附件 4 一并废止。

附　　件

铁路旅客购票须知

1.《国铁集团客规》铁路旅客购票须知对旅客购票时间和地点有何提示?

答:旅客须在乘车前购买车票,车票可通过铁路运输企业设立的车站售票窗口、自动售票机、中国铁路 12306 网站(含铁路 12306 移动端)、订票电话或铁路车票销售代理人的售票处购买。

2.《国铁集团客规》铁路旅客购票须知对网络购票有何提示?

答:中国铁路 12306 网站(含铁路 12306 移动端)是唯一官方网站,请勿通过其他网站购买车票,以免造成损失。

3.《国铁集团客规》铁路旅客购票须知对旅客购票凭证有何提示?

答:旅客购票时须凭乘车人有效身份证件购买车票,携带免费乘车儿童时,应当在购票时向铁路运输企业提前申明。

4.《国铁集团客规》铁路旅客购票须知对旅客购票后注意事项有何提示?

答:购票后请核对票、款,妥善保管车票信息及购票时所使用的有效身份证件。

5. 如何正确搜索中国铁路 12306 网站?

答:搜索 www. 12306. cn 网站,是中国铁路客户服务中心官方网站,如通过其他网站办理客票业务出现问题,铁路部门将不予受理。

6. 能否替他人购买车票、改签或退票? 如何办理?

答:可以。在售票窗口凭本人和乘车人有效身份证件办理,在 12306 网站可通过添加我的联系人,完善实名信息后办理。目前系统具体操作如下:

12306 网站提示身份信息核验状态为“已通过”“预通过”的注册

用户均可以为自己或他人购票。登录后，将他人添加为乘车人，准确输入其姓名、有效身份证件类型和号码，12306 网站提示其身份信息核验状态为“已通过”“预通过”；持外国人护照注册状态为“待核验”的，即可按 12306 网站的相应提示操作购票。持外国人护照注册状态“已通过”“预通过”和“待核验”的注册用户，仅可为“已通过”“预通过”港澳居民来往内地通行证、台湾居民来往大陆通行证的乘车人购票；可为“已通过”“预通过”“待核验”的持外国人护照的乘车人购票。

7. 目前 12306 网站可以使用哪些在线支付工具？有何要求？

答：目前 12306 网站支持以下在线支付工具有：

（1）开通中国工商银行、中国农业银行、中国银行、招商银行、中国建设银行、中国邮政储蓄银行和交通银行网银账户的用户，可以直接使用银行网银支付。

（2）开通其他银行网银账户的用户，可以使用银联网银支付。

（3）未开通网银账户的用户，可以使用银联快捷支付。

（4）使用支付宝、微信支付。

同一订单须使用一个在线支付工具一次性支付。

8. 在 12306 网站购票后可否在中途站乘车？

答：在 12306 网站购票后，可以到车票票面载明的发站乘车，也可以在中途站乘车。

9. 目前 12306 网站候补购票有何条件？

答：目前 12306 网站的所有注册用户均可自愿申请获得该项服务。为了确保用户的真实性，防止出现冒用他人身份信息注册用户进行囤票的行为，在申请候补购票前，用户需进行人证一致性核验，核验方法可参见 12306 网站操作说明。目前已通过人证一致性核验的用户及激活的铁路畅行常旅客会员，可自动获得该项服务。

10. 在乘降所（无人售票的车站）如何购票？

答：在乘降所（无人售票的车站）上车时，可以在列车上购票，但最远至本次列车终点站，不收手续费。

11. 在铁路售票窗口购买火车票时，如何支付票款？

答：在铁路售票窗口购票时，可以使用现金、微信、支付宝、POS机收单行的银行卡或带有银联标识的各种银行卡支付票款。一笔交易的全部票款须使用一张银行卡支付。

12. 在自动售票机可以购买哪些火车票？如何支付票款？

答：在自动售票机，可以购买全价票、儿童优惠票、学生优惠票、优待票等。可以使用现金或自动售票机上标识的银行所发行的银行卡，以及带银联标识的其他银行借记卡和预付卡（不含信用卡）支付票款。

13. 目前铁路订票电话是什么？什么时候可以电话订票？

答：全国铁路电话订票号码为区号+95105105。电话订票系统开放时间为每日5:00—23:00，可预订第4天（含第4天）至预售期内的车票。

14. 电话可以订购哪些车票？可以使用哪些身份证件？

答：电话可以订购全价票、儿童优惠票、学生优惠票、优待票。可以使用的有效身份证件包括：中华人民共和国居民身份证（含中华人民共和国临时居民身份证），中华人民共和国护照，中华人民共和国港澳居民居住证，中华人民共和国台湾居民居住证，港澳居民来往内地通行证，台湾居民来往大陆通行证，外国人永久居留身份证，外国人护照。

15. 电话订票时，什么时候支付票款？

答：在当日12时前电话订票成功的，必须在次日12时前支付；当日12时以后电话订票成功的，必须在次日24时前支付。凭电话订票系统提供的订单号、乘车人的有效身份证件原件，到全路任一车站售票窗口或铁路客票代售点办理支付。

16. 电话订票能否在12306网站查询、支付？

答:电话订票系统与互联网售票系统,目前是相互独立的系统,12306网站暂不提供电话订票信息查询、支付等服务。

17. 12306网站除了办理车票业务,还提供哪些服务?

答:12306网站除了办理网络购票、网络改签、候补购票、变更到站、网络退票等车票业务,还提供旅客列车时刻表、余票、票价、正晚点、规章制度等客运信息查询,提供遗失物品查找、餐饮、特产、联运车票发售等多项旅行相关服务。

18. 12306网站可以购买哪些车票?

答:在12306网站,可以购买铁路客票系统发售的全价票、儿童优惠票、学生优惠票、优待票(持中华人民共和国残疾军人证、中华人民共和国伤残人民警察证、国家综合性消防救援队伍残疾人员证的人员)四种各车次、各席别的车票。

19. 一张有效身份证件同一乘车日期同一车次能否购买多张车票?

答:一张有效身份证件同一乘车日期同一车次只能购买一张车票,动车组列车卧铺车票除外。

20. 铁路乘车卡有哪些?

答:铁路乘车卡有铁路e卡通、中铁银通卡、广深铁路牡丹信用卡等,在开通铁路乘车卡的线路上,旅客可以在申购卡后,持卡进站、乘车。

21. 什么是中铁银通卡?

答:中铁银通卡是由中铁银通支付有限公司发行的双介质预付卡,可在指定线路上直接刷卡检票乘车,也可以作为普通银行卡用于购票付款。

22. 什么是广深铁路牡丹信用卡?

答:广深铁路牡丹信用卡是广深铁路股份有限公司与中国工商银行联合推出的双介质信用卡,可以在广深线直接刷卡检票乘坐动车组列车，也可以作为普通信用卡使用。

23. 为什么有“硬卧代硬座”“软卧代软座”“卧代二等座”等车票？

答：为充分发挥铁路运输能力，满足旅客出行需求，部分列车的软、硬卧代作软座（二等座）、硬座使用。

24.《国铁集团客规》铁路旅客购票须知对旅客电话订票注意事项有何提示？

答：电话订票后应在电话提示时间内，到车站售票窗口或铁路车票销售代理人的售票处办理取票并支付票款，办理时应提供订单号并出示乘车人有效身份证件，逾期未办理取票时将自动取消订单。

25.《国铁集团客规》铁路旅客购票须知对旅客购买儿童优惠票的范围有何提示？

答：未满14周岁的儿童应当随同成年人旅客旅行。年满6周岁且未满14周岁的儿童应当购买儿童优惠票；年满14周岁，应当购买全价票。每一名持票成年人旅客可免费携带一名未满6周岁且不单独占用席位的儿童乘车，超过一名时，超过人数应当购买儿童优惠票。

26.《国铁集团客规》铁路旅客购票须知对儿童年龄计算有何提示？

答：儿童年龄按乘车日期计算。

27. 儿童可享受哪些车票票价优惠？

答：儿童优惠票可享受普速旅客列车客票、加快票、空调票和动车组列车座席票的优惠。儿童优惠票普速旅客列车票价按相应客票和附加票公布票价的50%计算，免费乘车及持儿童优惠票乘车的儿童单独使用卧铺时，另收全价卧铺票价，有空调时还另收半价空调票票价。儿童优惠票动车组列车座席票价按相应座席公布票价的50%计算，二等卧票价按二等卧公布票价减去二等座公布票价50%计算，其他卧席票价按相应卧席公布票价减去一等座公布票价50%计算。

28.《国铁集团客规》铁路旅客购票须知对免费乘车的儿童能否单独使用席位有何提示?

答:免费乘车的儿童不能单独使用席位。免费乘车的儿童单独使用席位时应购买儿童优惠票。

29.《国铁集团客规》铁路旅客购票须知对儿童优惠票的日期、车次、席别、到站限制有何提示?

答:儿童优惠票的乘车日期、车次及席别应与同行成年人所持车票相同,到站不得远于成年人车票的到站。

30.《国铁集团客规》铁路旅客购票须知对购买学生优惠票的条件有何提示?

答:在全日制高等学校(含国务院教育行政部门、省级人民政府审批设置的实施高等学历教育的民办学校),承担研究生教育任务的科学研究机构,军事院校,普通中、小学和中等职业学校(含有实施学历教育资格的公办及民办中等专业学校、职业高中、技工学校),国务院或国家宗教事务局批准的正式宗教院校就读的学生、研究生,家庭居住地和学校所在地不在同一城市时,凭附有标注减价优惠区间和火车票学生优惠卡的学生证(中、小学生凭加盖学校公章的书面证明),优惠区间应加盖院校公章。

31. 新生(毕业生)如何购买学生优惠票?

答:新生凭录取通知书(毕业生凭学校开具的书面证明)可以在12306 网站或车站人工窗口凭有效身份证件购买一次学生家庭所在地至学校所在地之间的单程学生优惠票。

32. 学生优惠票价格应如何计算?

答:学生优惠票可享受普速旅客列车硬座客票、加快票、空调票和动车组列车二等座票的优惠。学生优惠票普速旅客列车票价按硬座客票和相应附加票公布票价的 50% 计算,持学生优惠票乘车的学生使用普速旅客列车硬卧时,应另收全价硬卧票价,有空调时还应另收半价空调票票价。学生优惠票动车组列车二等座票价按二等座公布票价的75%计算。

33. 学生父母分居两地或迁居时怎么办?

答:学生的父母都不在学校所在地,并分两处居住时,由学生选择一处,并登记在学生减价优待凭证上。学生父母迁居时,须提出申请,经学校确认后,可修改学生减价优待凭证上的乘车区间,加盖学校公章,同时修改火车票学生优惠卡的相关信息。

34. 学生回家后,学校迁移或调整怎么办?

答:学生回家后,院校迁移或调整,凭学校证明和学生减价优待凭证,可以发售从家庭所在地到院校新迁所在地的学生优惠票。

35. 华侨学生和港澳台学生购买学生优惠票怎么办理?

答:华侨学生和港澳台学生可购买学校所在地车站至口岸城市车站间的学生优惠票。铁路运输企业另有规定的除外。

36. 仅凭学生证能否购买学生优惠票?

答:不能,学生证不是实名制购票有效身份证件。

37. 购买学生优惠票的新生(毕业生)应如何进站乘车?

答:由于新生(毕业生)无火车票学生优惠卡,无法办理学生资质审核,所以新生可凭录取通知书(毕业生凭学校开具的书面证明)及购票时所使用的有效身份证件通过人工检票通道进站乘车。

38. 在12306网站购买学生优惠票时,优惠区间不符、优惠次数超出怎么办?

答:凭本人有效身份证件原件和火车票学生优惠卡,到车站售票窗口办理补票手续。

39.《国铁集团客规》铁路旅客购票须知对购买学生优惠票的期间和次数限制有何提示?

答:符合购买学生优惠票的学生每学年(10 月 1 日至次年 9 月 30 日)可购买家庭居住地至院校(实习地点)所在地之间四次单程的学生优惠票。

40.《国铁集团客规》铁路旅客购票须知对学生优惠资质核验有何提示?

答:学生每学年乘车前应通过 12306 网站或到车站指定售票窗口、自动售票机办理一次优惠资质核验手续。

41.《国铁集团客规》铁路旅客购票须知对旅客购买优待票有何提示?

答:旅客持中华人民共和国残疾军人证、中华人民共和国伤残人民警察证、国家综合性消防救援队伍残疾人员证的人员凭证可以购买优待票。

42. 优待票可享受哪些优惠?

答:持中华人民共和国残疾军人证、中华人民共和国伤残人民警察证、国家综合性消防救援队伍残疾人员证的人员凭证可以购买优待票,优待票可享受普速旅客列车客票、加快票、空调票、卧铺票和动车组列车各席别票的优惠。优待票普速旅客列车票价按相应客票和附加票公布票价的 50% 计算。优待票动车组列车票价按相应席别公布票价的 50% 计算。

43.《国铁集团客规》铁路旅客购票须知对旅客改签车票有何提示?

答:旅客如不能按车票乘车日期、车次、席别乘车,以及变更到站时,在铁路有运输能力的前提下,可办理一次改签手续,并按改签时限核收改签费。

44. 车票改签的途径有哪些?

答:旅客可在车站售票窗口、12306 网站和具备改签功能的自动售票机办理改签。凭各种有效身份证件购买的车票均可在车站售票窗口办理改签，但已开具报销凭证的和使用现金支付方式购买的车票，仅可在车站售票窗口办理改签；凭12306网站购票证件且使用电子支付方式购买的车票，可通过12306网站办理改签；在具备改签功能的自动售票机办理改签时，应按系统提示办理。

45. 改签是否需要身份证件？

答：在车站售票窗口办理改签时，乘车人须出具购票时使用有效身份证件；他人代办时应出具代办人有效身份证件及乘车人购票时使用的有效身份证件。居民身份证无法自动识读或者使用居民身份证以外的其他有效身份证件购票的，须出示购票时所使用的乘车人有效身份证件原件和订单号码。

46. 改签后的车票能否再次改签？

答：不能，一张车票可以办理一次改签。车票改签后，旅客取消行程的可以在开车前按规定办理退票，改变行程的在开车前退票后重新购票。但开车后改签的车票不能退票。

47. 列车开车时间如何界定？

答：铁路列车开车时间是指车票票面所载明的乘车日期、车次的列车在发站的预计开出时分。为了确保铁路运输秩序，正常情况下列车按运行图运行，到时开车。

48. 目前车票改签时产生的票价差额如何收取或退还？

答：原车票使用现金购票的，新车票票价高于原车票时，补收差额；新车票票价低于原车票时，退还差额，对差额部分核收退票费并执行现行退票费标准（均为现金）。

原车票在铁路售票窗口使用银行卡购票，或者在12306网站使用在线支付工具购票的，按发卡银行或在线支付工具相关规定，新车票票价高于原车票时，请使用银行卡支付新车票全额票款，原车票票款在规定时间退回原购票时所使用的银行卡或在线支付工具；新车票票价低于原车票时，退还差额，对差额部分核收退票费并执行现行退票费标准，应退票款在规定时间退回原购票时所使用的银行卡或在线支付工具。

如改签时产生了改签费，还应缴纳相应的改签费，支付方式同新车票票价。

49.《国铁集团客规》铁路旅客购票须知对旅客改签车票不收改签费的情况有何提示？

答：距票面乘车站开车前 48 小时以上改签时，或开车前不足 48 小时改签票面乘车日期及以前的列车时，以及开车后在当日 24 时之前改签当日其他列车时，均不收改签费。

50.《国铁集团客规》铁路旅客购票须知提示何种改签按车票票面价格的 5% 核收改签费？

答：旅客在开车前 24 小时以上、不足 48 小时，改签票面乘车日期之后的列车时，按改签前后低票价车票票面价格的 5% 计算改签费。

51.《国铁集团客规》铁路旅客购票须知提示按何种改签按车票票面价格的 15% 核收改签费？

答：旅客在开车前不足 24 小时，改签票面乘车日之后的列车时，按改签前后低票价车票票面价格的 15% 计算改签费。

52.《国铁集团客规》铁路旅客购票须知提示按何种改签按车票票面价格的 40% 核收改签费？

答：旅客在开车后在当日 24 时之前，改签次日及以后列车时，按改签前后低票价车票票面价格的 40% 计算改签费。

53.《国铁集团客规》铁路旅客购票须知对旅客退票有何提示？

答：旅客可在车票载明的日期、车次开车时间前办理退票，退票核收退票费。

54. 在 12306 网站购买的车票，如何办理退票退款？

答：在 12306 网站购买且未检票使用的车票，均可在开车前通过

12306网站或车站指定窗口办理退票手续。在12306网站办理退票时,按购票时所使用的在线支付工具相关规定,应退票款在规定时间退回购票时所使用的在线支付工具。

55. 目前旅客在售票窗口购买的车票或已开具报销凭证的车票能否在12306网站办理退票?

答:能办理,但需要到车站售票窗口领取票款。

56. 旅客在互联网办理退票后去车站售票窗口领取票款需要注意什么?

答:(1)现金购买的车票,自退票之日起180天内(含当日),持购票时使用的乘车人身份证件原件前往任一铁路车站售票窗口领取现金。

(2)已开具报销凭证的车票,自退票之日起180天内(含当日),持购票时使用的乘车人身份证件原件和报销凭证前往任一铁路车站售票窗口确认应退票款后,退至旅客购票时使用的支付账户,并交回报销凭证。报销凭证须妥善保管,如有遗失、污损、票面不完整等情况,车站将无法退还票款。

57. 能否替他人到车站售票窗口领取网站退票票款?

答:可以,须持代办人本人有效身份证件原件、乘车人购票时使用的乘车人身份证件原件和报销凭证前往车站窗口办理。

58. 在12306网站办理退票后如何开具退票费报销凭证?

答:在12306网站办理退票之日起180日内,凭购票时所使用的乘车人有效身份证件原件和订单号码到车站售票窗口开具退票费报销凭证。依据国家发票管理有关规定,退票费报销凭证旅客可用来作为报销依据。

59.《国铁集团客规》铁路旅客购票须知对旅客退票不收退票费的情况有何提示?

答:旅客在距车票乘车站开车前8天以上退票的不收退票费。

"以上"含本数。

60.《国铁集团客规》铁路旅客购票须知提示何种退票按车票票面价格的5%核收退票费?

答:旅客在开车前48小时以上、不足8天退票的,按车票票面价格5%计算退票费。距票面乘车站开车前不足8天的车票,改签至开车前8天以上的列车,又在距开车前8天以上退票的,核收5%的退票费。"以上"含本数。

61.《国铁集团客规》铁路旅客购票须知提示何种退票按车票票面价格的10%核收退票费?

答:旅客在开车前24小时以上、不足48小时退票的,按车票票面价格10%计算退票费。"以上"含本数。

62.《国铁集团客规》铁路旅客购票须知提示何种退票按车票票面价格的20%核收退票费?

答:旅客在开车前不足24小时退票的,按车票票面价格20%计算退票费。改签后的车票乘车日期在春运期间的,退票费按开车前不足24小时标准核收。

63.《国铁集团客规》铁路旅客购票须知提示何种退票按须到车站指定窗口办理退款手续?

答:旅客使用12306网站购票证件,通过现金方式购买或已开具报销凭证的车票,可通过12306网站先行办理退票,自网上办理退票成功之日起180日以内,凭乘车人有效身份证件到车站指定窗口办理退款手续。

64.《国铁集团客规》铁路旅客购票须知提示旅客购票后如何开具报销凭证?

答:旅客购票后如需报销凭证的,应在开车前或乘车日期之日起180日以内,凭购票时所使用的有效身份证件到车站售票窗口、自动售票机开具。

65. 车票可以用来报销吗?

答:依据国家发票管理有关规定,铁路行业发票实行专业管理。国务院铁路主管部门对铁路运输票据的式样、印制标准以及填写、使用方法有较为严格的规章制度,铁路部门出具的车票、区段票、代用票、客运运价杂费收据、退票费报销凭证、退票报销凭证、定额票、手续费等运输票据,具有发票属性,可用于报销。

66.《国铁集团客规》铁路旅客购票须知提示旅客购票后如何开具退票费或改签费报销凭证?

答:旅客退票或改签后,可在办理之日起 180 日以内到车站售票窗口、自动售票机凭购票时使用的有效身份证件开具退票费或改签费报销凭证。

67.《国铁集团客规》铁路旅客购票须知对丢失已开具报销凭证有何提示?

答:旅客开具报销凭证后,须妥善保管,如发生丢失,不再补办开具手续。

68.《国铁集团客规》铁路旅客购票须知对已开具报销凭证的车票改签、退票有何提示?

答:旅客已开具报销凭证的车票办理改签、退票手续时,须交回报销凭证。

69.《国铁集团客规》铁路旅客购票须知是否包含所有应告知事项?

答:不是。铁路旅客购票须知是旅客购票有关规定部分简介,详细规定请参阅《国铁集团客规》及相关规范性文件。

70.《国铁集团客规》铁路旅客旅行须知对旅客乘车证件有何提示?

答:旅客须持购票时使用的有效身份证件乘车。按照国家有关规定,旅客须配合铁路运输企业实施实名制查验,并在检票、验票、乘车时出示车票和本人购票时使用的有效身份证件，对拒不提供本人购票时使用的有效身份证件或者经车票实名制查验相关信息不一致的，铁路运输企业有权拒绝其进站乘车。

71. 使用哪些证件可自动识读进站？

答：使用中华人民共和国居民身份证，中华人民共和国港澳居民居住证，中华人民共和国台湾居民居住证，外国人永久居留身份证，港澳居民来往内地通行证，台湾居民来往大陆通行证等可识读证件购票的旅客，凭购票时所使用的有效身份证件原件，可通过实名制核验、检票闸机自助完成实名制验证、进出站检票手续。

使用其他证件购票的旅客，凭购票时所使用的有效身份证件原件，通过人工通道完成实名制验证、进出站检票手续。

72. 未携带或丢失证件旅客如何办理乘坐旅客列车临时身份证明？

答：旅客购票时或购票后、乘车前因有效身份证件未携带、丢失等原因无法出示有效证件时，可以至车站铁路公安制证口办理乘坐旅客列车临时身份证明（中国居民身份证类型旅客可在铁路 12306 移动端上申请电子临时乘车身份证明）。

乘坐旅客列车时临时身份证明仅供旅客购票、退票、改签、实名制核验、检票以及乘车使用，须妥善保管。

73. 旅客如何打印行程信息提示？

答：旅客通过 12306 网站购票后，可通过网站自行打印或下载“行程信息提示”，也可在车站指定窗口或自动售票机打印。

74. “行程信息提示”和报销凭证能否作为进站乘车凭证使用？

答：“行程信息提示”和报销凭证不能作为进站乘车凭证使用。

铁路旅客旅行须知

75.《国铁集团客规》铁路旅客旅行须知对旅客随身携带物品有何提示?

答:旅客随身携带或者托运的物品应符合《铁路旅客禁止、限制携带和托运物品目录》规定。按照国家有关规定,旅客须配合铁路运输企业实施安全检查,自觉遵守国家和铁路运输安全相关规定,不得携带或者夹带禁限物品。

76.《国铁集团客规》铁路旅客旅行须知对旅客遵守秩序有何提示?

答:旅客旅行途中接受站、车工作人员的引导,遵守铁路安全规定,自觉维护公共秩序。不霸座,不扰乱公共秩序。

77.《国铁集团客规》铁路旅客旅行须知对旅客旅行途中公共场所的言行有何提示?

答:旅客旅行途中应正确使用服务设备,不损坏公共设施,节约用水用电,保持环境卫生,不随地吐痰,不乱扔垃圾,不随地坐卧,不在禁烟区域吸烟,注意个人言行,衣着整洁得体,用语文明,尊老爱幼,相互礼让,看护好随行儿童,不影响他人,乘车期间不食用有异味的食物。

78.《国铁集团客规》铁路旅客旅行须知对车站停止检票有何提示?

答:铁路车站在列车开车前提前停止检票,旅客可通过乘车站营业场所公告查询相关信息,并提前到指定场所候车。

79.《国铁集团客规》铁路旅客旅行须知对旅客的乘车秩序有何提示?

答:旅客须按已购车票载明的日期、车次、座位号、席别乘车。持低票价席别车票的旅客请勿在高票价席别的车厢(区域)滞留。

80. 铁路旅客列车如何进行实名制验证?

答:按照国家有关规定,实行车票实名制的列车验票时,同时核对旅客、所持车票及购票时所使用的有效身份证件原件。票、证、人不一致,按无票处理。

81. 旅客丢失购票时使用的有效身份证件应如何处理?

答:旅客购票后,丢失购票身份证件的,按以下方式处理:

(1)旅客在乘车前丢失证件的,应到该有效身份证件的发证机构办理身份证明(含铁路临时身份乘车证明),凭身份证明进出站乘车。

(2)旅客在列车上、出站前丢失证件的,须先办理补票手续并按规定支付手续费,列车核验席位使用正常的,开具电子客运记录(特殊情况可开具纸质客运记录);车站核验车票无出站检票记录的,开具客运记录。旅客应在乘车日期之日起 30 日内,凭该有效身份证件发证机构办理的身份证明和后补车票(如开具纸质客运记录,还应携带纸质客运记录),到列车的经停站退票窗口办理后补车票与原票乘车区间一致部分的退票手续。办理退票手续时,如核查丢失证件有出站记录的,后补车票不予退票;无出站记录的,办理退票时,不收退票费,已核收的手续费不予退还。

82. 丢失报销凭证能否补打?

答:不能。

83. 旅客持居民身份证直接检票乘车时,列车验票发现没有购票信息怎么办?

答:经列车工作人员确认没有旅客购票信息时,请先行补票。

84. 旅客乘车后能否中途下车,并恢复旅行?

答:旅客乘车后可中途下车,未乘区间车票失效,不能恢复旅行;但如因伤、病或铁路责任不能继续旅行时,凭列车长开具的客运记录,可退还已收票价与已乘区间票价差额,已乘区间不足起码里程时按起码里程计算;同行人同样办理。

85. 旅客乘车后能否变更座位、铺位？

答：旅客乘车途中要求变更座位、铺位时，在有运输能力的情况下，列车应予办理。变更后的票价高于原车票的，发售补价票，核收票价差额；低于原车票的，票价差额不退。

86. 列车上能办理“变更到站”吗？

答：不能。但旅客在车票到站前要求越过到站继续乘车时，在有运输能力的情况下列车可以为旅客办理越站手续，并核收越站区间的票价。

87. 因铁路责任使旅客不能按票面记载的信息乘车时应如何处理？

答：因铁路运输企业责任使旅客不能按车票载明的日期、时间、车次、车厢号、席位号、席别乘车时，站、车应妥善安排。重新安排的席位票价高于原票价时，超过部分不予补收；低于原票价时，应当退还票价差额，不收退票费。

88.《国铁集团客规》铁路旅客旅行须知对持优惠票或优待票旅客乘车有何提示？

答：购买优惠票或优待票的旅客还应持相应减价凭证乘车。

89.《国铁集团客规》铁路旅客旅行须知对持免费乘车儿童乘车凭证有何提示？

答：旅客携带免费乘车儿童还应提供其购票申明时使用的儿童有效身份证件。

90. 铁路对携带导盲犬旅客进站乘车有何要求？

答：自2015年5月1日起，视力残疾旅客可以携带导盲犬进站乘车。为维护良好的站车秩序，旅客须主动配合铁路工作人员做好以下工作：

（1）在进站、乘车时，旅客须主动出示以下证件：购票时所使用的有效身份证件、残疾人证、导盲犬工作证（载有导盲犬使用者信息，盖有公安部门或残疾人联合会公章，或带有国际导盲犬联盟标识“IGDF”）、动物健康免疫证明。

(2)进站时，请与其他旅客一样，携带导盲犬接受安全检查。

(3)进入车站、列车前，须为导盲犬系上牵引链，佩戴导盲鞍。

91. 在什么情况下盲人需与具备照看导盲犬能力的成年人同行乘车？

答：为保障旅客出行安全，有下列情形之一的，需与具备照看导盲犬能力的成年人同行：

(1)乘坐同一趟列车时间超过12小时的；

(2)购买联程票时，每段接续时间在2小时以内，且全程时间超过12小时的。

在车站及乘车期间，旅客或同行成年人负责照看导盲犬及照顾导盲犬吃、喝、排泄，请勿影响站车环境卫生。在不阻塞通道、车门等前提下，导盲犬宜在旅客座席附近或铺位下陪伴，勿让其占用席位或任意跑动。

在发生危及旅客人身安全和铁路运营秩序的特殊情况下，携带导盲犬的旅客与其他旅客一样，需共同遵守铁路和公安部门的有关规定，接受铁路工作人员的组织和引导。

92.《国铁集团客规》铁路旅客旅行须知对旅客旅行开始后退票有何提示？

答：旅行开始后车票不能办理退票。但因伤、病不能继续旅行并经站、车证实后，或者因铁路运输企业责任、自然灾害等其他不能正常运输情形导致旅客退票时，可按有关规定办理。

93.《国铁集团客规》铁路旅客旅行须知对旅客在列车上办理席位变更有何提示？

答：旅客在列车上办理席位变更时，变更后的票价高于原票价时，核收票价差额；变更后的票价低于原票价时，票价差额部分不予退还。

94.《国铁集团客规》铁路旅客旅行须知对旅客在列车上办理越站有何提示？

答：旅客旅行途中，要求越过车票到站继续乘车时，须在原车票到站前提出，在有运输能力的情况下列车可予以办理，核收越站区间的票款，无运输能力时，列车有权拒绝旅客补票和继续乘车。

95. 旅客在旅行途中发生急病时应如何处理？

答： 旅客在乘车旅行途中，如发生急病，请及时向站、车工作人员寻求帮助。旅客旅行途中因伤、病不能继续旅行时，经站、车核实，可在下车后30日以内到下车站办理退票，退还已收票价与已乘区间票价差额，核收退票费；同行人同样办理。

96. 铁路对哪些原因造成的旅客身体伤害不承担责任？

答：铁路运输企业应当对铁路运送期间发生的旅客人身损害承担赔偿责任；旅客自身健康原因造成的或者铁路运输企业证明伤亡是旅客故意、重大过失造成的，铁路运输企业不承担赔偿责任。

在铁路运送期间因第三人原因造成旅客人身损害的，由第三人承担赔偿责任。铁路运输企业有过错的，应当在能够防止或者制止损害的范围内承担相应的补充赔偿责任。铁路运输企业承担补充赔偿责任后，有权向第三人追偿。

97.《国铁集团客规》铁路旅客旅行须知对车票是否有效有何提示？

答：车票当日当次有效，铁路运输企业和旅客另有约定的除外。旅客持失效车票乘车、在车票到站后不下车继续乘车以及票、证、人不一致均按无票处理。

98.《国铁集团客规》铁路旅客旅行须知对旅客保管随身携带物品有何提示？

答：旅客旅行途中应妥善放置和看管好随身携带物品，不得影响公共空间使用和安全。

99.《国铁集团客规》铁路旅客旅行须知对旅客随身携带物品的重量和规格范围有何提示?

答:旅客每人免费携带品的重量和规格为:儿童10千克,外交人员35千克,其他旅客20千克。每件物品外部尺寸长、宽、高之和不超过160厘米,杆状物品不超过200厘米;但乘坐动车组列车均不超过130厘米;每件重量不超过20千克。

100. 旅客可以携带动物乘车吗?

答:不能。为保障车站、旅客列车等公共场所内外整洁、空气清新,妨碍公共卫生的物品,能够损坏或污染车辆的物品,以及活动物(导盲犬和作为食品且经封闭箱体包装的鱼、虾、蟹、贝、软体类水产动物除外)不得随身携带乘车。

101. 旅客乘车携带香烟有什么规定?

答:每名旅客最多可携带50条,超过数量请出示相关部门出具的携带证明。

102. 旅客乘车携带白酒有什么规定?

答:旅客乘车可携带包装密封完好、标志清晰且酒精体积百分含量大于或者等于24%、小于或者等于70%的酒类饮品累计不超过3000毫升。详见《铁路旅客禁止、限制携带和托运物品目录》。

103.《国铁集团客规》铁路旅客旅行须知对旅客特殊随身携带物品有何提示?

答:旅客携带平衡车、滑行器等轮式代步工具须使用硬质包装物妥善包装。依靠辅助器具才能行动的老、幼、病、残、孕等特殊重点旅客旅行时代步的折叠式轮椅,以及随行婴儿使用的折叠婴儿车,可免费携带并不计入上述范围。

104.《国铁集团客规》铁路旅客旅行须知对旅客随身携带物品超范围有何提示?

答:旅客携带超过规定物品应办理托运。

105.《国铁集团客规》铁路旅客旅行须知是否包含所有应告知事项？

答：不是。铁路旅客旅行须知是旅客旅行有关规定部分简介，详细规定请参阅《国铁集团客规》及相关规范性文件。

铁路旅客乘车安全须知

106.《国铁集团客规》铁路旅客乘车安全须知对旅客旅行安全使用设备设施有何提示？

答：提示旅客自觉遵守铁路站车安全规定，关注站车安全标志和提示，有序进站乘车，正确使用电、扶梯和自助售检票机等设备，听从工作人员引导。

107.《国铁集团客规》铁路旅客乘车安全须知对旅客随身携带或托运的物品安全有何提示？

答：旅客随身携带或托运的物品应符合《铁路旅客禁止、限制携带和托运物品目录》有关规定，请配合铁路部门查验，不得夹带禁限物品。

108.《国铁集团客规》铁路旅客乘车安全须知对旅客携带导盲犬有何提示？

答：有工作证的导盲犬可以随身携带。

109.《国铁集团客规》铁路旅客乘车安全须知对旅客携带水产动物安全有何提示？

答：作为食品的鱼、虾、蟹、贝、软体类水产动物经封闭箱体包装可随身携带。

110.《国铁集团客规》铁路旅客乘车安全须知对旅客携带自行车安全有何提示？

答：自行车使用纸箱等硬质包装物包装完整且符合《铁路旅客旅

行须知》旅客携带品重量和规格的方可随身携带，站、车旅行途中不得拆解包装和使用。

111.《国铁集团客规》铁路旅客乘车安全须知对旅客在站台候车安全有何提示?

答:旅客进入站台后请在安全线以内等候。禁止随未停稳或已起动的列车行走、奔跑和抓上、抢下。禁止在列车底下钻爬或爬上车顶、跳下站台、横穿股道、进入铁道线路。

112.《国铁集团客规》铁路旅客乘车安全须知对旅客在站台乘降安全有何提示?

答:旅客上下车时请排队先下后上，不要拥挤，注意车体与站台缝隙。乘车时，请勿挤、靠车门，不随意扳动或按动列车上的紧急制动阀、手制动机、紧急停车按钮等安全设备。禁止阻碍列车车门正常关闭。

113.《国铁集团客规》铁路旅客乘车安全须知对旅客防止烫伤有何安全提示?

答:旅客接取开水时要小心烫伤，水量不宜过满，妥善放置在动车组座位后方小桌板；调整座椅时，要注意后方小桌板使用状况。

114.《国铁集团客规》铁路旅客乘车安全须知对旅客使用电源有何安全提示?

答:旅客须正确使用站车电源，站车电源仅限于笔记本电脑、手机、平板电脑、电动剃须刀、移动充电器及列车办公通信设备的充电，禁止插入多功能插线板。

115.《国铁集团客规》铁路旅客乘车安全须知对旅客放置行李有何安全提示?

答:旅客安放随身行李时，应摆放牢固，不超出行李架，乘坐动车组列车时，大件行李须放置在大件行李存放处或按乘务人员引导放置。

116.《国铁集团客规》铁路旅客乘车安全须知对旅客吸烟有何安全提示?

答:车站禁烟区域和动车组列车各部位禁止吸烟。普速旅客列车客室、餐车等禁烟区域内禁止吸烟。

117.《国铁集团客规》铁路旅客乘车安全须知对旅客遇安全问题如何处置有何提示?

答:遇发生危及列车、旅客安全的情况时,旅客应及时通知站、车工作人员,并听从站、车工作人员指挥,有序疏散撤离。要帮助老、幼、病、残、孕等需要帮助的人。

118.《国铁集团客规》铁路旅客乘车安全须知对旅客遇紧急情况撤离车厢有何提示?

答:遇情况紧急必须撤离车厢时,请旅客按下或拉下车厢两端门上方的紧急停车按钮或把手,并可在列车停稳后使用紧急破窗锤击碎车厢逃生窗玻璃撤离。

参考文献

[1] 中国国家铁路集团有限公司. 中国国家铁路集团有限公司铁路旅客运输规程(2024年版)[S]. 北京:中国铁道出版社有限公司,2024.

[2] 中华人民共和国交通运输部. 铁路旅客运输规程[S]. 北京:中国铁道出版社有限公司,2022.

[3] 中华人民共和国交通运输部. 铁路旅客车票实名制管理办法[S]. 北京:中国铁道出版社有限公司,2022.

[4] 中华人民共和国铁道部. 铁路客运运价规则[S]. 北京:中国铁道出版社,1997.

[5] 国家铁路局,公安部. 铁路旅客禁止、限制携带和托运物品目录[S]. 北京:中国铁道出版社有限公司,2022.